Vegetarisch kochen & genießen

DORIS BRUGGER
CRISTINA PEDRAZZINI

Vegetarisch kochen & genießen

mit gluten- und laktosefreien Varianten

Jan Thorbecke Verlag

VERLAGSGRUPPE PATMOS

PATMOS
ESCHBACH
GRÜNEWALD
THORBECKE
SCHWABEN

Die Verlagsgruppe
mit Sinn für das Leben

MIX
Papier aus verantwortungsvollen Quellen
FSC® C004592
FSC www.fsc.org

Hinweis des Verlags:
Bei den Rezepten ist jeweils durch Symbole angegeben, ob diese glutenfrei, laktosefrei oder vegan sind bzw. abgewandelt werden können. Bitte achten Sie darauf, ob die von Ihnen verwendeten Produkte jeweils diesen Anforderungen entsprechen und lesen Sie ggf. die Produktinformationen des Herstellers genau.

Für die Schwabenverlag AG ist Nachhaltigkeit ein wichtiger Maßstab ihres Handelns. Wir achten daher auf den Einsatz umweltschonender Ressourcen und Materialien.

www.thorbecke.de

Gestaltung: Finken & Bumiller, Stuttgart
Druck: Firmengruppe APPL, Wemding
Hergestellt in Deutschland
ISBN 978-3-7995-1091-2 (Print)
ISBN 978-3-7995-1106-3 (eBook)

Inhalt

Was Sie über dieses Buch wissen sollten…

Gesunde, ausgewogene Ernährung ist wichtig. Genauso wichtig ist es zu genießen, und zwar so, dass alle Sinne daran teilhaben können. Heute macht es die Vielzahl von Informationen rund um das Thema Essen schwierig, uns unbeschwert dem Kochen und der Lust am Essen zu widmen. Ernährung ist häufig anspruchsvoll, wirft Fragen auf, bewirkt Unwohlsein und Schuldgefühle, weil man etwas Ungesundes gegessen hat. Doch wenn man sich Gedanken über die eigene Ernährung macht, sollte man immer eine Zeitspanne betrachten: mehrere Tage oder Wochen, nicht nur eine einzelne Mahlzeit. Einer einzelnen Mahlzeit kann man nicht zusprechen, dass sie gesund ist oder eben nicht. Gesunde oder weniger gesunde Auswirkungen kann eine Ernährungsweise nur über eine gewisse Dauer haben.

Neben dem eigentlichen Essen ist für den Genuss auch die Gesellschaft wichtig. Im Kreise von Freunden, Familie oder bei sonstigen schönen Anlässen eine mit Lust zubereitete Mahlzeit zu genießen und Spaß dabei zu haben, ist wichtig für das Wohlbefinden.

Dieses vegetarische Kochbuch soll Spaß am Kochen und Freude am Essen wecken. Es bietet zudem Möglichkeiten, Rezepte anzupassen, falls eine Laktoseintoleranz und/oder eine Zöliakie den unbedenklichen Verzehr von Milchprodukten und glutenhaltigen Nahrungsmitteln einschränkt. Bei den Rezepten ist jeweils angegeben, ob sie glutenfrei, laktosefrei oder vegan abgewandelt werden können.

Das Kochbuch enthält neu interpretierte und neu kreierte Rezepte aus beinahe allen Ecken der Welt und ist dennoch nicht so exotisch, dass man eine Vielzahl seltener Zutaten braucht. Es beinhaltet einfache Alltagsmenüs und aufwendigere für festliche Anlässe. Die verschiedenen Gerichte (oder auch nur Teile davon) lassen sich gut untereinander kombinieren.

Im Speziellen möchten wir erwähnen, dass wir die Fotografien so natürlich wie möglich gestaltet haben: Wir haben mit echten Nahrungsmitteln gearbeitet und die Gerichte so zubereitet, dass sie danach genossen werden konnten.

ZEICHENERKLÄRUNG

GLUTEN FREI — GLUTENFREI ODER GLUTENFREI ABWANDELBAR

LAKTOSE FREI — LAKTOSEFREI ODER LAKTOSEFREI ABWANDELBAR

VEGAN — VEGAN ODER VEGAN ABWANDELBAR

Tipps und Tricks bei der Zubereitung

MENGENANGABEN

Die Rezepte sind für vier Personen berechnet, außer es ist anders vermerkt. Brote und Kuchen ergeben mehrere Portionen.

BACKEN MIT BACKPAPIER

Wird der Teig direkt auf dem mit Backpapier belegten Blech ausgerollt, hilft es, das Blech zuvor mit etwas Wasser zu besprühen. Das Backpapier rutscht dadurch weniger beim Ausrollen.

GAREN UND KOCHEN ALLGEMEIN

Es gibt verschiedene Möglichkeiten, um etwas zu kochen: Dampfkochtopf, Steamer, im Sieb. Passen Sie die Garzeit der Nahrungsmittel Ihrer jeweiligen Vorliebe an.

GLUTENFREI

Für die Zubereitung von glutenfreien Menüs sollten Sie nur Zutaten verwenden, welche vom Hersteller ausdrücklich als glutenfrei deklariert sind. Besonders bei verarbeiteten Produkten ist Vorsicht geboten! Zutatenlisten/Produktinformationen des Herstellers immer genau lesen.

HÜLSENFRÜCHTE RICHTIG KOCHEN (OHNE SCHNELLKOCHTOPF)

8 Stunden oder über Nacht einweichen. Die Länge der Einweichzeit beeinflusst die Dauer der Kochzeit. Im kalten Wasser aufsetzen und weichkochen (nach ca. 30 Minuten Kochzeit leicht salzen). Falls während des Kochvorgangs Wasser beigegeben werden muss, nur heißes Wasser verwenden. Die Hülsenfrüchte möglichst lange im Kochwasser ausquellen lassen, sie werden dadurch leichter verdaulich. Das Kochwasser danach abgießen.

KARTOFFELN

In den Rezepten werden Kartoffeln mit der Schale verwendet, das ist Geschmackssache. Wenn Sie dies nicht mögen, können die Kartoffeln natürlich auch geschält verwendet werden.

KOKOSNUSS

Vor dem Kauf schütteln, das Kokoswasser muss gut hörbar sein. Zum Öffnen die drei „Augen“ mit Hammer und Ale einstechen und den Kokossaft kopfüber herauslaufen lassen. Die Nuss in eine dicke Plastiktüte verpacken und mit dem Hammer mehrmals daraufschlagen, bis sie in mehrere Teile zerfällt. Danach das Fleisch herauslösen und mit kaltem Wasser abspülen. Das Kokosfleisch hält sich, mit Kokoswasser bedeckt, einige Tage im Kühlschrank.

ORANGEN FILETIEREN

Die Unter- und Oberseite der Orange großzügig abschneiden. Dann die Orangenschale um die Orange ebenfalls großzügig wegschneiden, so dass die Filets sichtbar werden. Mit einem scharfen Messer die Filets zwischen den Trennhäuten herausschneiden und eventuelle Kerne entfernen.

PILZE RICHTIG LAGERN

Bei richtiger Lagerung sind getrocknete Pilze nahezu unbegrenzt haltbar. Die getrockneten Pilze sollten in einem luftdicht verschlossenen Behälter aufbewahrt werden. Dies ist wichtig, denn lagern sie bei hoher Luftfeuchtigkeit, nehmen die Pilze Wasser aus der Luft auf und fangen so an zu schimmeln. Ansonsten mögen getrocknete Pilze es dunkel und kühl. Bei optimaler Lagerung bleibt das Aroma der Pilze sehr gut erhalten.

PILZE RICHTIG QUELLEN LASSEN

Vor dem Gebrauch müssen die getrockneten Pilze 15–30 Minuten in Wasser eingeweicht werden. Sinnvoll ist es, sie schon am Morgen einzuweichen, wenn man sie mittags oder abends verwenden will. Je länger sie liegen, desto weicher werden sie. Das Volumen des Wassers sollte dreimal so groß wie das der Pilze sein. Heißes Wasser beschleunigt den Quellvorgang. Zum Einweichen von Pilzen sollte keine Metallschüssel verwendet werden. Pilze sind empfindlich, nehmen bei längerer Quellzeit den metallischen Geschmack an und verfärben sich dunkel.

WASSERBAD

Ein Wasserbad benutzt man für die Zubereitung von Speisen (Eigelb schaumig rühren, Sauce Hollandaise und Sauce Béarnaise, aber auch zum Schokoladeschmelzen etc.), welche keinen direkten Kontakt zum Wasser als Wärmeübertragung haben sollen. Dafür füllt man die Grundmasse in ein Gefäss und stellt dieses auf ein mit warmem (ca. 80 °C) Wasser gefülltes zweites Gefäss. Über dem Wasserbad entsteht heißer Dampf. Durch das ständige Schlagen oder Rühren wird verhindert, dass die Masse stockt oder sich trennt. Durch das Unterheben von Luft entsteht ein leichter Schaum, die Speise wird luftig und das Volumen vergrößert sich.

Kleine Warenkunde

Viele der Zutaten bekommt man heute nicht mehr nur ausschließlich in Speziallebensmittelgeschäften, dennoch die Hinweise dazu.

AIVAR

Zubereitung aus roter Paprika, Aubergine, Olivenöl, Zitronensaft oder Essig, Knoblauch, Zwiebeln, Salz und Pfeffer. In türkischen Lebensmittelgeschäften erhältlich, kann auch selbst zubereitet werden.

BURRATA
Die Burrata kommt aus Apulien. Es handelt sich dabei um eine Art Sack aus Milchmozzarella, in dem sich eine Füllung aus Rahm und zerkleinertem Mozzarella befindet. Um den typischen Geschmack zu erzielen, muss der Rahm den richtigen Fettgehalt haben (30–35 %) und absolut frisch sein. In (italienischen) Delikatessengeschäften erhältlich.

CURRYBLÄTTER
Das Aroma der Curryblätter ist frisch, leicht fruchtig bis rauchig. Sie sind in der vegetarischen südindischen und sri-lankischen Küche beliebt. Da die Blätter dünn sind, brauchen sie nicht aus dem fertigen Gericht entfernt zu werden, sondern werden mitgegessen. In indischen und asiatischen Lebensmittelgeschäften, teilweise frisch, erhältlich. Frische, nicht gebrauchte Blätter können tiefgekühlt werden.

GHEE
Butterschmalz (auch Schmalzbutter, geklärte, eingesottene oder geläuterte Butter) ist aus Butter durch Entfernen von Wasser, Milcheiweiß und Milchzucker gewonnenes Butter-Reinfett. Ghee wird in der indischen Küche oft eingesetzt und kann zum Backen, Braten und Kochen verwendet werden. Es eignet sich insbesondere zum Frittieren und Braten, ist jedoch auch für andere Zubereitungsverfahren als Fettzutat geeignet. Kann mit Bratbutter ersetzt werden. Ghee ist in indischen Lebensmittelgeschäften und im Biofachmarkt erhältlich.

HARISSA
Ist eine aus dem Maghreb stammende scharfe Gewürzpaste aus frischen Chilischoten, Kreuzkümmel, Koriandersamen, Knoblauch, Salz und Olivenöl. Heute ist Harissa in der gesamten nordafrikanischen Küche (in Marokko als Sahka) bekannt, aber auch in arabischen Ländern, in Israel und Europa. Heutzutage in allen größeren Lebensmittelgeschäften erhältlich.

KOCHBANANE ODER GEMÜSEBANANE
Ist in asiatischen oder orientalischen Lebensmittelgeschäften erhältlich. Darauf achten, dass die Bananen für das Rezept gelb bis bräunlich sind.

MAISMEHL
Maismehl ist ein glutenfreies Mehl und im Biofachmarkt erhältlich.

MAULBEEREN
Maulbeeren waren ursprünglich über die gemäßigten und subtropischen Regionen der Nordhalbkugel mit Ausnahme von Europa verbreitet. Maulbeeren wurden aber schon zu Zeiten der Römer in allen wärmeren Regionen Europas kultiviert, die sich klimatisch auch zum Weinbau eignen. Die drei in Europa bekanntesten Arten sind die Weiße Maulbeere und die Schwarze Maulbeere (beide aus Asien) sowie die Rote Maulbeere (aus Nordamerika). Maulbeeren sind im Bio-Fachgeschäft erhältlich.

OKRA
Auch als Ladyfinger, Bhindien oder Bamie bekannt, ist eine Schote, die 2–20 Zentimeter lang wird. Ihre Schale ist hell- bis dunkelgrün mit einem feinen Flaum. Die im Querschnitt zumeist fünfeckigen Früchte enthalten weiße Samen. Erhältlich in asiatischen, indischen und orientalischen Lebensmittelgeschäften.

PALMZUCKER
Wird hauptsächlich in Südostasien, aber auch in Indien, Sri Lanka, Pakistan, Afrika, Südamerika und der Karibik aus verschiedenen Palmenarten hergestellt. Aus der Kanarischen Dattelpalme wird zuckerhaltiger Saft gewonnen und zu Sirup verarbeitet, allerdings wird kein Palmzucker daraus hergestellt.

Palmzucker schmeckt leicht nach Karamell. Man findet ihn in asiatischen Lebensmittelgeschäften oder im Biofachhandel. Kann durch Rohzucker ersetzt werden.

QUINOA

Quinoa ist eine Sammelbezeichnung für die eiweißreichen Samen zweier Gänsefußgewächse. In den Anden sind sie seit etwa 5000 Jahren als Kulturpflanzen bekannt. Die Pflanzen sind anspruchslos und gedeihen bis in sehr große Höhen. Quinoa ist glutenfrei und im Biofachmarkt erhältlich.

REISESSIG UND REISMEHL

Reisessig und Reismehl sind in asiatischen Lebensmittelgeschäften oder im Biofachmarkt erhältlich. Reismehl ist ein glutenfreies Mehl.

ROTE LINSEN

In indischen oder orientalischen Lebensmittelgeschäften erhältlich. Rote Linsen müssen nicht eingeweicht werden, sie sind sehr schnell gar.

TONKABOHNE

Ist der mandelförmige Samen des Tonkabaumes. Tonkabohnen haben einen süßlichen, der Vanille ähnlichen Geschmack und werden deshalb als Vanille-Ersatz verwendet. Sie sind sehr hart und werden am besten mit einer Muskatreibe abgerieben. Für Desserts auf Sahne- oder Milchbasis können die Bohnen auch ca. 10 Minuten ausgekocht werden, eine Bohne kann bis zu zehnmal wiederverwendet werden.

UDONNUDELN

Ist eine Nudelsorte der japanischen Küche. Sie wird aus Weizenmehl, Speisesalz und Wasser hergestellt. Sie hat eine weiße bis cremeweiße Farbe und eine weiche und elastische Konsistenz. Die Udon sind die dicksten Nudeln der japanischen Küche und werden zu vielen verschiedenen Gerichten verarbeitet. Sie sind als Instantnudeln in asiatischen Lebensmittelgeschäften erhältlich.

SÜSSKARTOFFEL

Ist im Geschmack der Kartoffel ähnlich, aber mit dem Nachtschattengewächs nur entfernt verwandt. Wie der Name sagt, schmeckt sie leicht süßlich, das Fleisch ist orangefarben. Heutzutage in allen größeren Lebensmittelgeschäften erhältlich.

WAKAME-ALGE

Ist eine marine Braunalgenart. In Japan und Korea wird sie als Lebensmittel geschätzt. Ursprünglich heimisch an den Küsten Ostasiens, ist sie als eingeführte und invasive Art inzwischen in vielen Meeren verbreitet. Ist getrocknet in asiatischen Lebensmittelgeschäften erhältlich.

WASABI UND WASABIPULVER

Auch Japanischer Meerrettich oder Wassermeerrettich genannt, ist eine Pflanzenart aus der Familie der Kreuzblütengewächse. Das Rhizom dient in der japanischen Küche als scharfes Gewürz. Als Wildpflanze ist die Art in sumpfigem Gelände am Rand von Fließgewässern in Japan und auf der Insel Sachalin heimisch. Ist als Paste oder Pulver in asiatischen Lebensmittelgeschäften erhältlich.

Appetizer, Brote und Teige

Kochbanane mit Honig und Wasabi

ZUTATEN

1 Knoblauchzehe
30 g Honig, neutral im Geschmack
1 TL Wasabipulver
1 EL Zitronensaft
1 TL Salz
1 Msp. Kurkuma
2–4 gelbe Kochbananen
2 EL Erdnussöl oder Bratbutter

1. Den Knoblauch schälen und in kleine Stücke schneiden. Den Honig mit dem Wasabipulver, dem Zitronensaft, dem Knoblauch und den Gewürzen verrühren.
2. Die Kochbananen schälen und schräg in ca. 3 mm dicke Scheiben schneiden. In der Marinade wenden.
3. Das Öl erhitzen und die Bananen darin beidseitig goldbraun braten, das dauert ca. 8–10 Minuten. Noch warm servieren.

GLUTEN FREI

LAKTOSE FREI

Pan con tomate

ZUTATEN

8 Scheiben Weißbrot (Baguette)
1 Knoblauchzehe
ca. 8 Cherry-Tomaten
Salz
Pfeffer
etwas frisches Basilikum
Olivenöl

1. Die Brotscheiben im Ofen oder im Toaster rösten. Die Knoblauchzehe schälen, auf dem gerösteten Brot reiben. Die in feine Scheiben geschnitten Tomaten darauf verteilen.
2. Die belegten Brotscheiben mit Salz und Pfeffer würzen, das Basilikum fein schneiden und darüberstreuen. Zum Schluss mit Olivenöl beträufeln.

VEGAN LAKTOSE FREI

Aivarbrot

ZUTATEN FÜR 1 BROT

100 g Weißmehl
100 g Reismehl
50 g Kartoffelstockflocken (ohne Milchpulver)
2 TL Backpulver
200–250 ml Wasser
1 EL Öl
6 g Salz

GLUTENFREIER TEIG (ALTERNATIV)

100 g glutenfreies Mehl (z.B. Schär)
100 g Reismehl
50 g Kartoffelstockflocken (ohne Gluten/ohne Milchpulver)
2 TL Backpulver
150–200 ml Wasser
1 EL Öl
6 g Salz

AUSSERDEM

etwas frische Petersilie
160 g Aivar
Salz
Pfeffer
2–3 EL Olivenöl

1. Die Zutaten für den gewünschten Teig mischen und zu einem elastischen Teig verarbeiten. Den Backofen auf 170 °C vorheizen.
2. Die Petersilie fein schneiden, mit dem Aivar mischen und mit Salz und Pfeffer nachwürzen.
3. Den Teig zwischen geölter Frischhaltefolie oder geöltem Backpapier dünn ausrollen. Die unteren zwei Drittel des Teiges mit der Aivarmischung bestreichen, den oberen Teigrand mit Wasser bepinseln. Dann den Teig von unten nach oben mit Hilfe der Folie einrollen. Die Rolle auf ein mit Backpapier belegtes Backblech legen. Mit Olivenöl bepinseln und den oberen Teil mit der Schere jeweils nach etwa 1 cm etwas einschneiden.
4. Im unteren Drittel des Ofens ca. 20 Minuten backen. Anschließend bci 220 °C Grad noch ca. 10 Minuten fertigbacken. Während des Backens noch zweimal mit Öl bepinseln. Auskühlen lassen und bei den Einschnitten in Scheiben schneiden.

TIPP

Mehrere kleine anstelle einer großen Rolle lassen sich einfacher rollen und schneiden.

VEGAN · GLUTEN FREI · LAKTOSE FREI

Empanada-Teig

ZUTATEN FÜR CA. 10–12 EMPANADAS (DURCHMESSER 12 CM)

125 g Weißmehl oder glutenfreies Weißmehl
125 g Maismehl
6 g Salz
50 g Butter oder Pflanzenmargarine
2 EL Olivenöl
1 EL Milch oder Reismilch
ca. 75 ml Wasser

1. Das Mehl in eine Schüssel geben, das Salz hinzufügen.
2. Die Butter oder Margarine in kleine Stücke schneiden und mit dem Mehl zu feinen Streuseln zerreiben.
3. Das Olivenöl, die Milch und das Wasser mischen, nach und nach zum Teig geben. Kneten, bis ein geschmeidiger, feuchter Teig entsteht. Der Teig muss feucht sein, da das Maismehl nachquillt – deshalb sofort verwenden und nicht ruhen lassen.
4. Den Teig in 10 Portionen teilen und einzeln möglichst rund auf Weißmehl ausrollen. Den Teig zwischen geölter Frischhaltefolie oder geöltem Backpapier dünn ausrollen. Evtl. mit einem runden Ausstecher in Form bringen.
5. Die Empanadas wie auf Seite 61 beschrieben fertigstellen.

TIPP

Den Teig für Empanadas wie auf Seite 61 oder Tartelettes wie auf Seite 87 weiterverwenden.

Gewürz-fladenbrot

TEIG
(FÜR EINE GLUTENFREIE VARIANTE DEN GLUTENFREIEN HEFETEIG VON SEITE 25 VERWENDEN)

10 g Hefe, frisch
6 g Zucker
50 ml Wasser
100 ml Milch
1 EL Butter
4 g Salz
350 g Weißmehl
etwas Öl

GUSS

1 Ei
1 Prise Cayennepfeffer
1 TL getrockneter Thymian
¼ TL Kurkuma
1 Msp. gemahlener Ingwer
1 EL Sesamsamen
2 TL gerösteter Kreuzkümmel
1 TL Mohnsamen
1 EL geriebener Parmesan
1 EL gehackte Pistazien
Salz
Pfeffer

1. Die Hefe mit 1 Prise Zucker und mit der Hälfte des Wassers auflösen, ca. 10 Minuten gehen lassen (bis sich Blasen bilden).
2. Die Milch erwärmen, die Butter, das restliche Wasser, das Salz und den restlichen Zucker dazugeben, auskühlen lassen.
3. Das Mehl in eine Schüssel geben und in der Mitte eine Vertiefung bilden, die Hefe hineingeben. Nach und nach die Flüssigkeit dazugeben und alles zu einem weichen, elastischen Teig kneten, evtl. etwas Wasser dazugeben, sollte er zu trocken sein. Zu einer Kugel formen. Den Teig rundherum einölen, in eine Schüssel geben und mit einem feuchten Tuch bedecken.
4. 1–2 Stunden gehen lassen, danach nochmals durchkneten. Den Teig zu einem großen oder mehreren kleinen Fladen ausrollen und auf ein mit Backpapier belegtes Blech legen.
5. Die Zutaten für den Guss zu einer Paste vermischen und die Fladen damit bestreichen.
6. Im auf 220 °C vorgeheizten Ofen 10 Minuten backen. Die Hitze auf 160 °C reduzieren und weitere 15 Minuten fertigbacken.

GLUTEN FREI

Hefeteig

(BROTTEIG/PIZZATEIG)

ZUTATEN FÜR 1 BROT/1 PIZZA

6 g Frischhefe
1 TL Zucker
ca. 150 ml lauwarmes Wasser
1 TL Salz
250 g Weißmehl
1 EL Öl

LAKTOSE FREI

1. Die Hefe und den Zucker mit 3 EL des Wassers mischen, 10 Minuten beiseite stellen.
2. Das Salz zum Mehl geben. Die aufgelöste Hefe nach und nach mit dem restlichen Wasser und dem Öl unter das Mehl kneten. So lange kneten, bis ein fester, elastischer Teig entsteht. Je nach Mehl wird etwas mehr oder weniger Wasser benötigt.
3. Den Teig gut durchkneten und in der Schüssel an einem warmen Ort mit einem feuchten Tuch bedeckt 1 Stunde gehen lassen.
4. Nochmals durchkneten und für das entsprechende Rezept weiterverwenden.

Glutenfreier Hefeteig

(BROTTEIG/PIZZATEIG)

ZUTATEN FÜR 1 BROT/1 PIZZA

1 Packung Trockenhefe
1 TL Zucker
90 ml Wasser
250 g glutenfreies Mehl (z.B. Schär)
125 g zimmerwarmer Halbfettquark
1 EL Öl
1 TL Salz

GLUTEN FREI

1. Die Hefe und den Zucker mit 3 EL des Wassers mischen, 10 Minuten beiseite stellen.
2. Das Mehl mit den restlichen Zutaten mit Ausnahme des Wassers mischen, die aufgelöste Hefe dazugeben. Nach und nach das restliche Wasser dazugeben, kneten bis ein fester, elastischer Teig entsteht. Je nach Mehl wird etwas mehr oder weniger Wasser benötigt. Den Teig mindestens 10 Minuten gut kneten, anschließend mit etwas Wasser besprühen und mit Klarsichtfolie abdecken. 1 Stunde an einem warmen Ort gehen lassen.

FÜR WÄHEN/PIZZA ETC.:

Backpapier mit etwas Öl bepinseln und den Teig direkt darauf auswalzen, dabei evtl. mit einem zweiten Backpapier belegen (Teig haftet weniger). Auf mittlerer Schiene des vorgeheizten Ofens bei 200 °C ca. 30 Minuten backen.

FÜR BROT:

Nach Belieben anreichern (Nüsse, Samen, Gewürze ...) und formen oder in eine mit Backpapier ausgelegte Kastenform geben und gehen lassen. Im unteren Drittel des vorgeheizten Ofens bei 200 °C ca. 30 Minuten backen.

Strudelteig

ZUTATEN FÜR 1 STRUDEL

150 g Weißmehl
3 EL Öl
60 ml Wasser
1 TL Salz

1. Alles mischen und zu einem elastischen Teig verarbeiten.
2. Den Strudelteig zuerst so dünn wie möglich ausrollen, dann auf ein sauberes Küchentuch legen und über die Handoberfläche so dünn wie möglich ausziehen.

Glutenfreier Strudelteig

ZUTATEN FÜR 1 STRUDEL

250 g glutenfreies Mehl (z.B. Schär)
150 ml Wasser
2 EL Öl
6 g Salz

1. Alles zu einem elastischen Teig verarbeiten, mindestens 10 Minuten kneten.
2. Den Teig in zwei Portionen* teilen und zwischen zwei geölten Backpapieren flach drücken, so dünn wie möglich ausrollen.

* Zwei kleine Strudel lassen sich besser ausrollen als ein großer Strudel.

Saucen und Dips

Asiatische Sauce mit Orange und Ingwer

ZUTATEN

2 EL Wasser
1,5 TL Reisessig
50 ml Kokoswasser
2 TL Zucker
1 Stück Orangenschale
1 kleine Chilischote
1 Knoblauchzehe
1 Stück Ingwer nach Geschmack
1 TL Zitronensaft
1 TL Orangensaft
2 EL Maggi oder glutenfreie Gemüsebrühe/Sojasauce

1. Das Wasser, den Essig, das Kokoswasser, den Zucker und die Orangenschale kurz aufkochen. Auskühlen lassen und die Schale entfernen.
2. Die Chili entkernen und fein schneiden, die Knoblauchzehe schälen und pressen und den Ingwer schälen und fein reiben.
3. Alle Zutaten mischen.

Dazu passen: Gemüse im Reisblatt von Seite 53, Glasnudelsalat von Seite 65

Joghurtsauce

ZUTATEN

1 Knoblauchzehe
400 g griechischer Joghurt, natur
etwas Zitronensaft
Salz
Pfeffer
evtl. gemahlener Koriander, Zimtpulver und/oder frische Minze

1. Die Knoblauchzehe schälen und in den Joghurt pressen.
2. 1–2 Spritzer Zitronensaft dazugeben und verrühren. Mit Salz und Pfeffer würzen. Nach Belieben mit gemahlenem Koriander, Zimtpulver und/oder Minze abschmecken.
3. In eine Schale oder einzelne Schälchen abfüllen, mit wenig Zimt oder Koriander bestreuen und mit Sprossen oder einem Minzeblatt dekorieren.

Dazu passen: Pitabrot, Gemüsedips, Spinatstrudel von Seite 91

GLUTEN FREI

Paprika-sauce

ZUTATEN

80 g Tomate
120 g rote Paprika
2 Knoblauchzehen
1 kleine rote Chilischote
25 g getrocknetes Weiß-brot (alternativ glutenfreies Weißbrot oder Zwieback)
150 ml Olivenöl
50 ml Essig
½ TL Kreuzkümmel
1 TL Paprika, süß
1–2 TL Honig (oder Rohzucker)
Salz
Pfeffer

1. Die Tomaten und die Paprika waschen, putzen und in Würfel schneiden.
2. Alle Zutaten in den Mixer geben und pürieren. Mit Salz und Pfeffer abschmecken.
3. 1–2 Stunden kühlstellen. Zum Servieren in eine Schale füllen und mit wenig Paprika bestreuen.

Dazu passen: Gemüsedips, Tacochips, geröstetes Brot, Pitabrot

VEGAN · GLUTEN FREI · LAKTOSE FREI

Tofu-Sesamdip

ZUTATEN

200 g fester Tofu, natur
2–3 TL Zitronensaft
ca. 80 ml Wasser
1 Knoblauchzehe
30 g Tahina (ungeröstet)
½ TL Paprika
Salz
Pfeffer
etwas gerösteter Sesamsamen

1. Den Tofu etwas zerkleinern, mit dem Zitronensaft und der Hälfte des Wassers in ein hohes Gefäß geben und pürieren. Mehr Wasser nach und nach dazugeben, bis eine geschmeidige Paste entsteht. Je nach Tofu ist mehr oder weniger Wasser notwendig. (Wird Seidentofu verwendet, ist kein Wasser erforderlich.)
2. Den Knoblauch schälen und dazupressen, die Gewürze hinzufügen. Alles zu einer geschmeidigen Paste rühren.
3. In eine Schale oder einzelne Schälchen abfüllen und mit geröstetem Sesam bestreuen.

Dazu passen: verschiedenes Gemüse als Dip, Cracker, Pitabrot

VEGAN · GLUTEN FREI · LAKTOSE FREI

Asiatische Salatsauce mit Erdnussbutter

ZUTATEN

1 Knoblauchzehe
60 g Erdnussbutter mit Stückchen
40 g Zitronen- oder Limettensaft
60 ml glutenfreie Sojasauce
1–2 EL Wasser
etwas Wasabi
Pfeffer
½ TL Zucker oder Palmzucker
evtl. rote Chilischote, gesalzene Erdnüsse, Koriander und/oder Schnittlauch zum Dekorieren

1. Den Knoblauch schälen und klein schneiden. Alle Zutaten gut verrühren oder kurz mit dem Stabmixer pürieren.
2. Über dem Salat verteilen, nach Wunsch mit klein geschnittener Chili, gehackten Erdnüssen, Schnittlauch und/oder Koriander bestreuen.

TIPP

Man kann auch etwas weniger Wasser hinzufügen und die Sauce als Dipsauce verwenden.

Dazu passen: Asiatischer Salat mit Glasnudeln von Seite 65, Gemüse im Reisblatt von Seite 53

VEGAN GLUTEN FREI LAKTOSE FREI

SherryessigHonigsauce

ZUTATEN

1 kleine Zwiebel
1 Bund Schnittlauch
4 EL Sherryessig
4 EL Öl (Oliven,- Sonnenblumen- oder Nussöl)
2 TL flüssiger Honig
Salz
Pfeffer

Alle Zutaten gut verrühren oder mit dem Pürierstab kurz pürieren.

Dazu passen: lauwarmer Spargelsalat mit Kartoffeln von Seite 69, Feldsalat mit Lebkuchencroûtons von Seite 67

GLUTEN FREI

LAKTOSE FREI

Zitronen-Olivenöl-sauce

ZUTATEN

100 ml Zitronensaft
100 ml Olivenöl
1 TL Honig oder Palmzucker
1 Knoblauchzehe
Salz
Pfeffer

1. Den Zitronensaft, das Olivenöl und den Honig mischen. Den Knoblauch schälen und dazupressen. Mit Salz und Pfeffer abschmecken.
2. Alles gut verrühren oder mit dem Pürierstab kurz pürieren.

Dazu passen: lauwarmer Spargelsalat mit Kartoffeln von Seite 69, Feldsalat mit Lebkuchencroûtons von Seite 67

Cherry-Tomaten-sauce

ZUTATEN

1 Zwiebel
1–2 EL Olivenöl
½–1 EL Tomatenpüree
500 g Cherry-Tomaten
300 ml Wasser
1 Knoblauchzehe
Salz
Pfeffer
etwas Zucker
1 Bund frisches Basilikum

1. Die Zwiebel schälen und fein schneiden. Im heißen Olivenöl andünsten, das Tomatenpüree dazugeben und kurz mitdünsten. Die Cherry-Tomaten hinzufügen und mit dem Wasser ablöschen. Die Knoblauchzehe schälen und dazupressen. Alles auf kleiner Stufe einkochen, bis die Tomaten etwas aufplatzen.
2. Mit Salz, Pfeffer und etwas Zucker abschmecken.
3. Einige Basilikumblätter für die Garnitur beiseitelegen, das restliche Basilikum fein schneiden und kurz vor dem Servieren unter die Sauce mischen.

Dazu passen: Maisplätzchen von Seite 111,
Spätzli von Seite 102

VEGAN
GLUTEN FREI
LAKTOSE FREI

Lauch-Kastaniensauce mit Preiselbeeren

ZUTATEN

1 Zwiebel
300 g Lauch
10 g Butter
1 Knoblauchzehe
200 g tiefgekühlte Kastanien
150 ml Apfelwein
etwas Gemüsebrühe-Konzentrat (glutenfrei)
1 Lorbeerblatt
60 g getrocknete Preiselbeeren
100 ml Sahne
2 TL Maisstärke
250 ml Milch
Salz
Pfeffer
Muskat
etwas frische Petersilie

1. Die Zwiebel schälen und fein schneiden. Den Lauch waschen und in gut 1 cm breite Ringe schneiden. Die Butter erwärmen, die Zwiebeln andünsten, den Knoblauch schälen, dazupressen und kurz mitdünsten.
2. Die Kastanien hinzufügen und mit dem Apfelwein ablöschen. Das Gemüsebrühe-Konzentrat und das Lorbeerblatt dazugeben, 5 Minuten zugedeckt garen. Den Lauch und die Preiselbeeren hinzufügen, weitere 8–10 Minuten zugedeckt garen. Die Sahne dazugeben und umrühren.
3. Die Maisstärke mit etwas Milch verrühren, die restliche Milch zum Gemüse geben und erhitzen. Die Sauce mit der Stärke abbinden und leicht weiterköcheln lassen. Mit Salz, Pfeffer und Muskat abschmecken.
4. Einige Petersilienblätter für die Garnitur beiseitelegen, die restliche Petersilie fein schneiden und kurz vor dem Servieren in die Sauce geben.

Dazu passen: Teigwaren, Spätzli von Seite 102

GLUTEN FREI

Vorspeisen und Salate

Avocado mit roten Linsen

ZUTATEN

100 g rote Linsen
1 Lorbeerblatt
½ Zwiebel
etwas glatte Petersilie
2 EL Zitronensaft
1 EL Olivenöl
Salz
Pfeffer
2 nicht zu weiche Avocados
Paprika
etwas Blattsalat
schwarze Oliven

1. Die Linsen waschen, mit Wasser und dem Lorbeerblatt kalt aufsetzen und ca. 10–15 Minuten garen. Das restliche Kochwasser abgießen, die Linsen auskühlen lassen. Das Lorbeerblatt entfernen.
2. Die Zwiebel und die Petersilie fein hacken, mit 1 EL Zitronensaft und dem Olivenöl unter die Linsen mischen. Mit Salz und Pfeffer abschmecken.
3. Die Avocados halbieren, mit dem restlichen Zitronensaft beträufeln und mit wenig Salz, Pfeffer und Paprika bestreuen.
4. Die Linsen in die Vertiefung geben, mit Blattsalat auf Tellern anrichten und mit den Oliven dekorieren.

Dazu passen: Gewürzfladenbrot von Seite 23, Aivarbrot von Seite 19, Pan con Tomate von Seite 17

VEGAN GLUTEN FREI LAKTOSE FREI

Gemüse im Reisblatt

ZUTATEN FÜR CA. 12 STÜCK

100 g Karotten
80 g rohe Rote Bete
100 ml Wasser
1 EL Reisessig
Salz
½ Zwiebel
1 rote Chilischote
etwas Sesamöl
50 g frische Kokosnuss
80 g Tofu, natur
1 Bund Schnittlauch
12 Reisblatter, Ø 18 cm
etwas Sprossen, Salat oder Koriander

1. Die Karotten und Rote Bete schälen und in kleine Würfel schneiden. Das Wasser mit dem Reisessig aufkochen, etwas Salz dazugeben. Die Karotten- und Rote-Bete-Würfel darin 3–5 Minuten knackig kochen. Das Gemüse abgießen, kalt abspülen und beiseite stellen.
2. Die Zwiebel klein würfeln, die Chilischote entkernen und fein schneiden. Ca. 1 EL Sesamöl erwärmen, die Zwiebel und die Chilischote kurz andünsten. Zu dem Gemüse geben. Die Kokosnuss und den Tofu würfeln, die Hälfte des Schnittlauchs fein schneiden, alles zum Gemüse geben.
3. Einen Teller mit Sesamöl einreiben. Eine Schüssel mit gut handwarmem Wasser bereitstellen. Jeweils ein Reisblatt eintauchen und auf einen Teller legen. Ca. 1 ½ EL Füllung in die Mitte geben, das Reisblatt rundherum zusammenfassen und eindrehen, so dass ein kleiner Beutel entsteht. Mit 1–2 Stängeln Schnittlauch zusammenbinden und auf den geölten Teller legen.
4. Mit einer der beiden unten stehenden Saucen sowie Sprossen, Salat oder Koriander garnieren.

TIPP

Statt Tofu natur Curry-Mango-Tofu (z.B. von Taifun) verwenden

VEGAN · GLUTEN FREI · LAKTOSE FREI

Dazu passen: Erdnusssauce von Seite 39, asiatische Sauce mit Orange und Ingwer von Seite 31

Quinoa und Maulbeeren mit Minze in roter Endivie

ZUTATEN

160 ml Wasser
Salz
80 g Quinoa
1 Lorbeerblatt
1 kleine Zwiebel
1 Bund Pfefferminze
1–2 rote und grüne Peperoncini
2 EL Olivenöl
2 EL Zitronensaft
40 g getrocknete Maulbeeren
Pfeffer
½ TL Zimt
4 schöne rote Endivien-Blätter
diverse Blattsalate

1. Das Wasser zum Kochen bringen und salzen. Die Quinoa waschen und im Salzwasser mit dem Lorbeerblatt ca. 10 Minuten garen. Auskühlen lassen.
2. Die Zwiebel fein hacken. So viel Minze fein schneiden, dass sich ca. 2 EL ergeben.
3. Die Peperoncini entkernen und fein schneiden, dann alles mit dem Olivenöl, dem Zitronensaft und den Maulbeeren zur Quinoa geben. Mit Salz, Pfeffer und Zimt abschmecken.
4. Die Quinoa in den Endivien-Blättern auf Tellern anrichten und mit Blattsalat garnieren.

TIPP

Statt Maulbeeren können auch Weinbeeren, Sultaninen, Cranberrys etc. verwendet werden.

VEGAN GLUTEN FREI LAKTOSE FREI

Ziegenfrischkäse mit Kresse auf weißen Bohnen

ZUTATEN

160 g kleine weiße getrocknete Bohnen
1 Lorbeerblatt
50 g Kresse
120 g Ziegenfrischkäserolle
1 EL Kräuter- oder Sherry-Essig
1 EL Olivenöl
Salz
Pfeffer

1. Die Bohnen 8 Stunden oder über Nacht einweichen. Die eingeweichten Bohnen mit dem Lorbeerblatt und etwas Wasser im Schnellkochtopf ca. 30 Minuten garen und im Kochwasser auskühlen lassen.
2. Die Kresse fein hacken. Den Käse in 4 Scheiben schneiden und in der Kresse wenden.
3. Den Essig und das Öl mit den Bohnen mischen und mit Salz und Pfeffer abschmecken. Die Bohnen auf Tellern anrichten, den Ziegenkäse darauflegen und mit etwas Kresse garnieren.

Dazu passen: Aivarbrot von Seite 19, Pan con Tomate von Seite 17, Gewürzfladenbrot von Seite 23

GLUTEN FREI

Rote Bete mit Orangen und Feta

ZUTATEN

600 g rohe Rote Beten
15 g Rohzucker
3 EL Weißwein
2 EL Olivenöl
2 Knoblauchzehen
Salz
Pfeffer
Muskat
40 g Pinienkerne
3 Stück Orangen
200 g Feta
etwas Minze oder Blattsalat zum Dekorieren

1. Den Ofen auf 160 °C vorheizen.
2. Die Rote Bete putzen und in ½ cm dicke Scheiben schneiden. Den Rohzucker, den Weißwein und das Olivenöl verrühren, den Knoblauch schälen und dazupressen. Mit Salz, Pfeffer und Muskat würzen. Mit der Roten Bete vermischen und in eine geölte Gratinform geben. Auf mittlerer Schiene ca. 60 Minuten backen, zwischenzeitlich wenden.
3. Die Pinienkerne in einer Bratpfanne braun rösten, die Orangen filetieren.
4. Entweder die Orangenfilets und den zerbröckelten Feta über der Roten Bete verteilen oder den Feta dünn schneiden, rund ausstechen und mit der Roten Bete und den Orangen aufschichten. Beide Varianten zum Schluss mit den Pinienkernen bestreuen. Bei maximaler Oberhitze ca. 5–10 Minuten überbacken.
5. Auf Tellern anrichten und mit noch etwas gerösteten Pinienkernen bestreuen.

GLUTEN FREI

Empanadas

FÜR CA. 12 EMPANADAS MIT 12 CM DURCHMESSER 1 PORTION EMPANADAS-TEIG VON SEITE 21

RADICCHIO-BLAUSCHIMMELKÄSE-FÜLLUNG

½ Zwiebel
1 Knoblauchzehe
100 g roter Chicorée/Radicchio
1 EL Olivenöl
1 Prise Zucker
60 g Blauschimmelkäse
Salz
Pfeffer
Muskat

RICOTTA-TOMATEN-FÜLLUNG

1 kleine San-Marzano-Tomate
etwas frisches Basilikum
150 g Ricotta
1 Knoblauchzehe
Salz
Pfeffer

AUSSERDEM

1–2 Eigelb
1–2 EL Milch
Blattsalate

1. Für die Radicchio-Blauschimmelkäse-Füllung die Zwiebel und den Knoblauch schälen, die Zwiebel in feine Streifen, den Knoblauch in Scheiben schneiden. Den Chicorée oder den Radicchio putzen, waschen und in feine Streifen schneiden. Das Olivenöl in einer Bratpfanne erwärmen. Die Zwiebeln und den Knoblauch anbraten, den Radicchio und den Zucker dazugeben und kurz mitdünsten. Auskühlen lassen, dann den Blauschimmelkäse zerkrümeln und hinzufügen. Mit Salz, Pfeffer und Muskat abschmecken.
2. Für die Ricotta-Tomaten-Füllung die Tomate entkernen und in feine Würfel schneiden. Das Basilikum in feine Streifen schneiden und mit der Tomate unter den Ricotta mischen. Den Knoblauch schälen und dazupressen. Mit Salz und Pfeffer abschmecken.
3. Den Backofen auf 180 °C vorheizen. Die Empanadas ausrollen und füllen wie auf Seite 21 beschrieben. Um die Füllungen zu unterscheiden, kann der Rand der Empanadas unterschiedlich verziert werden.
4. Das Eigelb mit der Milch verrühren und die Empanadas vor dem Backen damit bepinseln. Die Empanadas auf mittlerer Schiene ca. 15–20 Minuten backen. Je eine Empanada pro Sorte auf Tellern anrichten und mit Blattsalat garnieren.

GLUTEN FREI

TIPP

Die Empanadas können kalt oder warm genossen oder auch als Appetizer serviert werden.

Über-backene Feigen

ZUTATEN

8 Feigen
30 g Haselnüsse
30 g Parmesan
Pfeffer
Salz
8 ganze Haselnüsse
etwas flüssiger Honig oder Ahornsirup
etwas Blattsalat

1. Den Ofen auf 200 °C vorheizen.
2. Die Feigen halbieren und mit einem Apfelgehäuseausstecher vorsichtig aushöhlen. Die Haselnüsse grob hacken, mit dem Parmesan und dem Feigeninhalt mischen. Leicht pfeffern, wenig salzen.
3. Die Feigen mit der Masse füllen und mit den ganzen Haselnüssen dekorieren. In eine gefettete Gratinform oder auf ein mit Backpapier belegtes Blech geben. Auf mittlerer Schiene 10–15 Minuten backen. Nach dem Backen mit Honig oder Ahornsirup beträufeln.
4. Die Feigen mit etwas Blattsalat auf Tellern anrichten.

TIPP

Die Feigen können auch als Appetizer serviert werden.

GLUTEN FREI

Asiatischer Salat mit Glasnudeln

ZUTATEN

80 g feine Glasnudeln (Reisnudeln/Vermicelli)
150 g Chinakohl
150 g Karotten
120 g Lauch
10 Stück Radieschen

1. Die Glasnudeln 3 Minuten kochen, abgießen und bis zum Erkalten abspülen. Beiseite stellen.
2. Das Gemüse putzen, waschen und alles, bis auf 2 Radieschen, in feine Streifen schneiden und mit den Glasnudeln mischen. In einer Schale anrichten und nach Belieben mit einer den asiatischen Soßen von Seite 31 oder 39 nappieren.
3. Aus den beiden übrigen Radieschen 4 Kronen schnitzen und den Salat damit dekorieren.

GLUTEN FREI

LAKTOSE FREI

Feldsalat mit Lebkuchen-croûtons

ZUTATEN

80 g Lebkuchen (ohne Oblaten) oder Gewürzbrot, evtl. laktosefrei
1 EL Butter oder Pflanzenmargarine
60 g Walnüsse
160 g Feldsalat
120 g Granatapfelkerne

1. Die Lebkuchen in kleine Würfel schneiden und in der Butter oder Margarine knusprig rösten.
2. Die Walnüsse halbieren. Den Feldsalat waschen, 4 schöne Salatblätter beiseitelegen und den restlichen Salat auf Tellern anrichten. Die Walnüsse und die Granatapfelkerne darüber verteilen.
3. Die lauwarmen Croûtons über den Salat geben und die 4 schönen Blätter obenauf dekorieren.
4. Die Sherryessig-Honigsoße (ohne Schnittlauch) von Seite 41 oder die Zitronen-Olivenölsoße von Seite 43 separat dazu servieren.

LAKTOSE FREI

Lauwarmer Spargelsalat mit Kartoffeln

ZUTATEN

250 g grüner Spargel
350 g weißer Spargel
200 g kleine Frühlingskartoffeln
Salz
Saft von ½ Zitrone
1 TL Zucker
Blattsalat
Schnittlauch

1. Den Spargel putzen und waschen, den weißen Spargel schälen und beide Spargelsorten in ca. 4 cm lange Stücke schneiden.
2. Die Kartoffeln waschen und in ½ cm dicke Scheiben schneiden.
3. Zuerst die Kartoffeln und den weißen Spargel in Salzwasser mit Zitronensaft und Zucker geben und kochen, nach 5 Minuten den grünen Spargel hinzufügen. Weitere ca. 5 Minuten gar kochen und abgießen. Leicht auskühlen lassen.
4. Mit der Sherryessig-Honigsauce von Seite 41 oder mit der Zitronen-Olivenölsauce von Seite 43 mischen.
5. Auf Blattsalat anrichten und mit Schnittlauch garnieren

TIPP

Die Kartoffeln können nach Belieben durch die gleiche Menge Spargel ersetzt werden, der Salat wird somit etwas leichter.

Dazu passen: Aivarbrot von Seite 19, Pan con Tomate von Seite 17, Gewürzfladenbrot von Seite 23

VEGAN GLUTEN FREI LAKTOSE FREI

Suppen

Avocado-Bananen-Kaltschale

ZUTATEN

100 g reife Banane
100 g reife Avocado
1 Knoblauchzehe
1–2 EL Zitronensaft
450–500 ml Gemüsebrühe (gluten- und laktosefrei)
1 TL Paprika
Salz
Pfeffer

1. Alle Zutaten mit der Hälfte der Gemüsebrühe in den Mixer geben und pürieren. Nach und nach die restliche Brühe zugeben und mit den Gewürzen abschmecken.
2. Die Suppe mindestens eine Stunde kalt stellen. Anschließend in Schalen füllen, mit etwas Paprika bestreuen und servieren.

Dazu passen: Pan con tomate von Seite 17, Aivarbrot von Seite 19

VEGAN GLUTEN FREI LAKTOSE FREI

Gazpacho

ZUTATEN

40 g Weißbrot (oder glutenfreies Weißbrot)
360 ml Wasser
400 g Salatgurke
220 g Tomaten
50 g Zwiebel
1 EL Olivenöl
1 TL Paprika, süß
Salz
Pfeffer

1. Das Weißbrot in ca. 100 ml Wasser einweichen.
2. Die Gurken schälen. Etwas von den Tomaten und den Gurken in kleine Würfel schneiden und für die Garnitur beiseite stellen.
3. Die Zwiebel schälen, das restliche Gemüse und die Zwiebel in grobe Würfel schneiden.
4. Alle Zutaten mit einem Teil des Wassers in den Mixer geben und pürieren. Das restliche Wasser beigeben, nochmals kurz pürieren und abschmecken.
5. Die Suppe mindestens 1 Stunde kühlstellen. Anschließend in Schalen füllen und mit den kleinen Tomaten- und Gurkenwürfeln bestreuen.

Dazu passen: Pan con tomate von Seite 17, Aivarbrot von Seite 19

VEGAN GLUTEN FREI LAKTOSE FREI

Rote-Bete-Apfelsuppe

ZUTATEN

300 g Rote Bete
150 g Apfel (Boskoop) + ½ Apfel
1 Zwiebel
2 EL Sonnenblumenöl
200 ml Apfelwein
1 Lorbeerblatt
200 ml Gemüsebrühe (gluten- und laktosefrei)
Salz
Pfeffer
Muskat
50 g Zucker
1 EL + 50 ml Wasser
5 g Butter
50 g Sauerrahm

1. Die Rote Bete schälen, den Apfel entkernen und beides in grobe Stücke schneiden.
2. Die Zwiebel schälen und in Stücke schneiden. Das Öl in der Pfanne erwärmen, die Zwiebel darin dünsten. Die Rote Bete und den Apfel dazugeben.
3. Mit dem Apfelwein ablöschen, das Lorbeerblatt hinzufügen und das Gemüse bzw. Obst weichkochen. Das Lorbeerblatt entfernen und alles pürieren. Die Brühe hinzufügen, die Masse mit Salz, Pfeffer und Muskat abschmecken und auskühlen lassen. Die Suppe durch ein Spitzsieb passieren und kühl stellen.
4. Den Zucker und 1 EL Wasser in einer flachen Pfanne karamellisieren. Die Butter und eine Prise Salz hinzufügen, mit dem restlichem Wasser ablöschen.
5. Den ½ Apfel entkernen und in dünne Scheiben schneiden, anschließend im Karamellsirup weichgaren.
6. Die Suppe in flachen Tellern anrichten, pro Teller einen Klecks Sauerrahm dazugeben und mit Apfelschnitzen garnieren.

TIPP

Statt Apfel kann man Birne verwenden. Die Suppe kann auch warm serviert werden.

GLUTEN FREI

Kokossuppe mit Okras und Süßkartoffel

ZUTATEN

150 g Okra (Ladyfingers)
1–2 EL Essig
250 g Süßkartoffel
1 kleine Zwiebel
1 Knoblauchzehe
½ rote Chilischote
1 EL Öl
½ TL schwarze Zwiebelsamen
600 ml Kokosmilch
1 TL Zitronengras
2–3 Curryblätter
1 gute Msp. Kurkuma (Gelbwurz)
etwas Salz
etwas frischer Koriander

1. Bei den Okras den Stiel oberhalb der Kante wegschneiden, die Schoten in ein Abtropfsieb legen und mit Essig besprenkeln, gut mischen. 20 Minuten ziehen lassen und abspülen. Der Vorgang verhindert, dass die Okras zu viel Schleim bilden
2. Die Süßkartoffel schälen und abspülen. Je nach Größe halbieren oder längs vierteln und in ca. 5 mm dicke Scheiben schneiden. Die Zwiebel und den Knoblauch schälen. Die Zwiebel in Längsstreifen schneiden, den Knoblauch in Scheiben. Die Chili in feine Ringe schneiden.
3. Das Öl in der Pfanne erwärmen. Die Chili, die Zwiebelsamen, die Zwiebel und den Knoblauch anbraten. Die Süßkartoffel beigeben, kurz mitbraten, anschließend aus der Pfanne nehmen und beiseite stellen.
4. Die Kokosmilch in die Pfanne geben und aufkochen. Das Zitronengras fein schneiden. Die Okras, die Curryblätter, das Zitronengras, die Kurkuma und etwas Salz beigeben. 10 Minuten köcheln lassen. Die Süßkartoffel beigeben und kochen, bis das Gemüse gar ist.
5. Den Koriander waschen und die Blätter wegzupfen. Die Suppe in Tellern anrichten und mit Korianderblättern bestreuen.

VEGAN GLUTEN FREI LAKTOSE FREI

Kürbissuppe mit Cashewnüssen und Datteln

ZUTATEN

500 g Kürbisfleisch
(z.B. Butternut)
1 Zwiebel
2 Knoblauchzehen
40 g Cashewnüsse
6 Datteln
1 EL Sonnenblumenöl
10 g Tomatenpüree
450 ml Gemüsebrühe
(gluten- und laktosefrei)
1 Lorbeerblatt
¼ TL Zimt
etwas Salz
Pfeffer
Muskat
100 g halbfette Sahne
oder Kokossahne

1. Den Kürbis schälen und das Fruchtfleisch in grobe Stücke schneiden. Die Zwiebel und den Knoblauch schälen und in Stücke schneiden. Die Cashewnüsse halbieren und anrösten, die Datteln in feine Streifen schneiden.
2. Das Öl in der Pfanne erwärmen, die Zwiebel und den Knoblauch andünsten. Das Tomatenpüree dazugeben und kurz mitdünsten, den Kürbis hinzufügen.
3. Mit der Gemüsebrühe ablöschen und das Lorbeerblatt dazugeben. Den Kürbis weichkochen; das Lorbeerblatt entfernen. Den Kürbis pürieren und mit Zimt, Salz, Pfeffer und Muskat würzen.
4. Einige Dattelstreifen als Garnitur beiseitelegen, die restlichen Datteln zur Suppe geben.
5. Die Sahne oder Kokossahne unterziehen und die Suppe abschmecken. In Tellern oder Schalen anrichten und mit Datteln und Cashewnüssen garnieren.

VEGAN GLUTEN FREI LAKTOSE FREI

Udon-Nudelsuppe mit Shii-Take und Kefen

ZUTATEN

200 g Kefen (Erbsensorte)
200 g frische Shii-Take
1 l milde Gemüsebrühe (gluten- und laktosefrei)
2–3 TL Misopaste oder 2 Beutel Instant-Miso
4 g Wakame-Algen
20 g Ingwer
400 g Udon-Nudeln oder 250 g breite Reisnudeln, vorgekocht
400 g Seidentofu oder fester Tofu, natur
etwas Schnittlauch oder Frühlingszwiebeln
4 TL geröstete Sesamsamen

1. Die Erbsen waschen, die Pilze je nach Größe in Stücke teilen.
2. Die Gemüsebrühe mit Miso und Algen aufkochen, das Gemüse dazugeben und ca. 5–7 Minuten köcheln lassen. Den Ingwer schälen, fein reiben und hinzufügen.
3. Sobald das Gemüse gar ist, die Nudeln und den Tofu beigeben. Nochmals kurz erhitzen. Den Schnittlauch oder die Frühlingszwiebeln in feine Ringe schneiden und dazugeben.
4. Die Suppe in Schalen anrichten und mit je 1 TL Sesam bestreuen.

Haupt-
gerichte

Fenchel-tartelettes

ZUTATEN FÜR
CA. 12 TARTELETTES

700 g Fenchel
Salz
120 g getrocknete Tomaten in Öl
1 Portion Empanada-Teig von Seite 21
etwas Öl oder Butter
ca. 30 g Kürbiskerne

GUSS

2 TL Maisstärke
200 ml Milch
3 Eier
150 g Rahmquark
Salz
Pfeffer
Muskat
1 Knoblauchzehe

1. Den Fenchel waschen, putzen und in feine Scheiben schneiden. Wasser zum Kochen bringen, etwas Salz und den Fenchel dazugeben. 2 Minuten kochen lassen, abgießen und kalt abschrecken.
2. Die Tomaten abtropfen und in Streifen schneiden.
3. Für den Guss die Maisstärke mit etwas Milch anrühren.
4. Die Eier mit dem Quark verquirlen, die Maisstärke, die restliche Milch und die Gewürze dazugeben, den Knoblauch dazupressen und alles verrühren.
5. Den Ofen auf 180 °C vorheizen.
6. 12 kleine Tarteletteformen gut einfetten. Den Teig zwischen mit Öl bepinselter Frischhaltefolie möglichst rund ausrollen. Kreise ausstechen, die Hand unter den Teigkreis schieben und in die Form kippen, vorsichtig andrücken. Teigreste sammeln und weitere Kreise ausstechen.
7. Den Fenchel und die Tomaten in die Förmchen verteilen, den Guss darübergießen und mit Kürbiskernen bestreuen. Im unteren Drittel des Ofens 20–30 Minuten backen.

GLUTEN FREI

Flammkuchen mit Frühlingszwiebel und Birne

1 Portion Hefeteig oder glutenfreier Hefeteig von Seite 24/25

BELAG
400 g Zwiebeln
2 EL Sonnenblumenöl
Salz
Pfeffer
1 Bund Frühlingszwiebeln
2 Birnen
2 Knoblauchzehen
300 g saure Sahne oder laktosefreie saure Sahne
Muskat
Rosmarin
1 Knoblauchzehe

1. Die Zwiebeln schälen und in Streifen schneiden, im Öl anbraten und mit Salz und Pfeffer leicht würzen.
2. Die Frühlingszwiebeln in Ringe schneiden und waschen. Die Birnen in schmale Längsstreifen schneiden.
3. Den Knoblauch zur sauren Sahne pressen, miteinander vermischen und würzen.
4. Den Ofen auf 200 °C vorheizen. Den Hefeteig in 4 gleich große Stücke schneiden und diese oval ausrollen. Mit der sauren Sahne bestreichen und mit den Zwiebeln belegen. Die Birnen gleichmäßig darauf verteilen und mit den Frühlingszwiebeln und dem Rosmarin bestreuen. Mit Salz und Pfeffer etwas nachwürzen.
5. Im unteren Drittel des Ofens ca. 30 Minuten backen.

GLUTEN FREI

LAKTOSE FREI

Spinatstrudel mit Parmesan und Minze

1 Portion Strudelteig oder glutenfreier Strudelteig von Seite 27

FÜLLUNG

600 g Blattspinat
2 Zwiebeln
2 EL Olivenöl
2 Knoblauchzehen
Salz
Pfeffer
Muskat
1 EL Minze
200 g Parmesan
100 g Rosinen
30 g flüssige Butter

1. Den Spinat putzen, waschen und weich dünsten. Abtropfen und auskühlen lassen.
2. Den Ofen auf 180 °C vorheizen.
3. Die Zwiebeln in Streifen schneiden und im Olivenöl andünsten. Den Knoblauch dazupressen, anschließend beides zum Spinat geben. Mit Salz, Pfeffer und Muskat würzen.
4. Die Minze hacken. Den Parmesan in Scheiben schneiden, mit dem Spinat, den Rosinen und der Minze mischen. Die Füllung auf zwei Drittel des Teiges verteilen, die Ränder mit etwas Wasser bepinseln und einrollen.
5. Im unteren Drittel des Ofens ca. 45 Minuten backen. Während des Backens zwei- bis dreimal mit flüssiger Butter bestreichen. Glutenfreier Teig muss während des Backvorgangs nur wenig bestrichen werden, da er durch das Ausrollen genug geölt ist.

TIPP

Dazu passen: Cherry-Tomatensauce von Seite 45, Joghurtsauce von Seite 33

GLUTEN FREI

Steinpilz-Safranpizza mit Rucola

ZUTATEN FÜR 1 BLECH

2 Portionen Hefeteig oder glutenfreier Hefeteig von Seite 24/25

BELAG

300 g Ricotta
1 Briefchen Safran
50 ml Milch
Salz
Pfeffer
1 Zwiebel
500 g Mozzarella
ca. 400 g Steinpilze (frisch oder tiefgekühlt)
etwas Olivenöl
etwas Rucola

1. Den Ricotta mit dem Safran und der Milch mischen, mit Salz und Pfeffer abschmecken.
2. Die Zwiebel in feine Ringe, den Mozzarella und die Pilze in Scheiben schneiden.
3. Den Ofen auf 200 °C vorheizen.
4. Den Teig ausrollen und auf ein gefettetes Backblech legen. Den Teig mit dem Ricotta bestreichen. Die Zwiebeln, die Steinpilze und den Mozzarella darüber verteilen. Mit etwas Öl beträufeln und nachwürzen.
5. Auf der mittleren Schiene ca. 30 Minuten backen. Die Pizza in Scheiben schneiden, auf Tellern anrichten und mit Rucola bestreuen.

GLUTEN FREI

Burrata auf Safrankartoffeln

ZUTATEN FÜR
CA. 12 TARTELETTES

10 g Judasohren (getrocknet)
2–3 Knoblauchzehen
1 kleine Zwiebel
1 kg Kartoffeln
Salz
250 g grüner Spargel
150 g Frühlingszwiebeln
2–3 EL Olivenöl
1 Briefchen Safran
150 ml Weißwein
etwas Gemüsebrühekonzentrat (glutenfrei)
Pfeffer
Muskat
10 g Butter
280 g Burrata

GLUTEN FREI

1. Die Judasohren mindestens 15 Minuten im warmem Wasser einweichen (kein Metallgeschirr).
2. Den Knoblauch und die Zwiebel schälen und in Streifen schneiden, beiseite stellen.
3. Die Kartoffeln waschen, mit Schale in 6 lange Spalten schneiden und 8–10 Minuten im Salzwasser kochen. Das Kochwasser beim Abgießen auffangen. Die Kartoffeln beiseite stellen.
4. Den Spargel und die Frühlingszwiebeln putzen und waschen. Von den Frühlingszwiebeln 1–2 grüne Stängel fein schneiden und beiseite stellen (Garnitur). Das restliche Gemüse in ca. 5 cm lange Stücke schneiden.
5. Das Restwasser der Kartoffeln aufkochen, den Spargel dazugeben. Nach ca. 3 Minuten die Frühlingszwiebeln und die abgegossenen, ausgedrückten Judasohren zugeben. Alles zusammen ca. 5 Minuten garen, danach abgießen.
6. Die Zwiebeln und den Knoblauch im Öl anbraten, die Kartoffeln dazugeben und mitbraten, bis sie Farbe annehmen.
7. Den Safran mit dem Weißwein mischen und zu den Kartoffeln gießen. Das Gemüsebrühekonzentrat dazugeben, alles einkochen. Sobald die Flüssigkeit verdampft ist, das Gemüse dazugeben. Mit den Gewürzen abschmecken, weiterbraten, bis die Kartoffeln und das Gemüse gar sind, danach die Butter dazugeben. Mit der Burrata und den Frühlingszwiebeln servieren.

Paprikakartoffeln mit Gurken-Dill-Gemüse

PAPRIKAKARTOFFELN

800 g Kartoffeln
200 g Zwiebeln
2 Knoblauchzehen
2 EL Olivenöl
3 TL Paprika, süß
150 ml Gemüsebrühe (glutenfrei)
180 g Sauerrahm
Salz
Pfeffer
1 Lorbeerblatt

GURKEN-DILL-GEMÜSE

1,2 kg Salatgurken
100 g Zwiebeln
2 EL Olivenöl
Gewürzsalz
½ Bund Dill

1. Die Kartoffeln waschen, in ½ cm dicke Scheiben schneiden. Die Zwiebeln und den Knoblauch schälen und fein hacken. Die Zwiebeln und den Knoblauch im heißen Öl andunsten, danach die Kartoffeln dazugeben.
2. Das Paprikapulver dazugeben, kurz mitrösten, mit der Gemüsebrühe ablöschen. Den Sauerrahm unterziehen, mit Salz und Pfeffer abschmecken und das Lorbeerblatt hinzufügen.
3. Den Ofen auf 180 °C vorheizen. Die Kartoffeln in eine gefettete Gratinform geben, abdecken und auf mittlerer Schiene ca. 40 Minuten garen. Die letzten 10 Minuten unbedeckt fertiggaren.
4. Die Salatgurken waschen, in Streifen schälen (jeweils etwas Schale belassen). Längs halbieren und die Kerne entfernen. In ca. 1 cm breite Scheiben schneiden.
5. Die Zwiebeln schälen, vierteln und in Streifen schneiden. Das Olivenöl erwärmen, die Zwiebeln andünsten und die Gurken dazugeben. Knackig garen. Mit Pfeffer, Salz und Gewürzsalz abschmecken. Den Dill fein hacken und kurz vor dem Servieren zum Gemüse geben.
6. Die Paprikakartoffeln mit dem Gurkengemüse anrichten und mit einem Dillzweig garnieren.

GLUTEN FREI

Pasta mit geräuchertem Mozzarella, Cherry-Tomaten und Kapern

ZUTATEN

500 g Cherry-Tomaten
100 g schwarze Oliven ohne Stein
200 g geräucherter Mozzarella (Scamorza)
50 g Kapern
1–2 Knoblauchzehen
Salz
Pfeffer
500 g Teigwaren (Orecchiette, Penne o.Ä.), evtl. glutenfreie Teigwaren
2 EL Olivenöl
50 g Rucola

1. Die Tomaten halbieren, die Oliven in Ringe schneiden und den Mozzarella klein würfeln. Mit den Kapern mischen.
2. Den Knoblauch schälen und dazupressen, mit Salz und Pfeffer würzen.
3. Die Teigwaren in Salzwasser al dente kochen, das Kochwasser abgießen. Die restlichen Zutaten darunterziehen. Abschmecken. Das Öl in einer Bratpfanne erhitzen und alles zusammen kurz anbraten.
4. Vom Rucola ein paar schöne Blätter beiseitelegen, den Rest fein schneiden. Die Teigwaren anrichten, mit Rucola bestreuen und mit den schönen Blättern garnieren.

GLUTEN FREI

Reisnudeln mit Gemüse

ZUTATEN

15 g Judasohren, getrocknet
200 g breite Glasnudeln (Reisnudeln)
Salz
1 große Zwiebel
1 Knoblauchzehe
400 g fester Tofu
50 g frischer Ingwer
etwas glutenfreie Sojasauce
1 Bund Koriander
300 g gemischte Paprika
200 g weiße Champignons
100 g Erdnüsse
2 TL Koriandersamen
2–3 EL Erdnussöl
200 ml Wasser
6 Curryblätter
½ TL Kurkuma
Pfeffer

1. Die Pilze mindestens 15 Minuten im warmen Wasser einweichen (kein Metallgeschirr).
2. Die Nudeln im kochenden Salzwasser 4 Minuten kochen, dann abgießen. Mit kaltem Wasser abspülen, bis sie kalt sind.
3. Die Zwiebel und den Knoblauch schälen, in Streifen schneiden und beiseite stellen. Den Tofu in Würfel schneiden, den Ingwer schälen und fein reiben. Den Tofu mit dem Ingwer und der Sojasauce marinieren, beiseite stellen.
4. Den Koriander waschen. 4 Zweige für die Garnitur beiseitelegen, die restlichen Blätter fein hacken und beiseite stellen. Die Paprika putzen, waschen und in Streifen schneiden, die Champignons in Scheiben. Die Erdnüsse grob hacken, anrösten und beiseite stellen.
5. Die Koriandersamen mörsern und im Wok oder einer Bratpfanne in Erdnussöl kurz anbraten.
6. Die eingeweichten Pilze abgießen und ausdrücken. Mit den Paprika und Champignons in die Bratpfanne geben und mitbraten. Mit dem Wasser ablöschen und knackig kochen.
7. Die Curryblätter und die Kurkuma dazugeben und mischen. Danach die Glasnudeln und den Tofu unterheben und den gehackten Koriander dazugeben. Mit Pfeffer, Sojasauce und wenig Salz abschmecken. Auf Tellern anrichten, mit Erdnüssen bestreuen und mit einem Korianderzweig dekorieren.

VEGAN · GLUTEN FREI · LAKTOSE FREI

Spätzli

ALS BEILAGE FÜR 4 PERSONEN

4 Eier
Wasser nach Bedarf
10 g flüssige Butter
oder 1 EL Sonnenblumenöl
250 g Mehl
½ TL Salz
Pfeffer
Muskat

1. Die Eier verrühren und so viel Wasser hinzufügen, bis die Menge insgesamt 250 ml ergibt. Die Butter oder das Öl dazugeben.
2. Mit dem Knethaken des Handrührgerätes die Eimasse langsam unter das Mehl mischen, die Gewürze dazugeben
3. Den Teig mit der Kelle gut schlagen, 20 Minuten ruhen lassen.
4. In dieser Zeit in einer großen Pfanne Wasser zum Kochen bringen und salzen. Den Teig portionsweise durch das Spätzlisieb drücken und kurz sieden lassen. Die Spätzli mit der Schaumkelle herausnehmen und in einem Sieb in kaltem Wasser abschrecken. Den Vorgang wiederholen, bis der Teig aufgebraucht ist.
5. Die Spätzli mit etwas Öl mischen, um das Zusammenkleben zu verhindern. Portionsweise in Butter oder Sonnenblumenöl in der Bratpfanne knusprig braten.

LAKTOSE FREI

Glutenfreie Spätzli

ALS BEILAGE FÜR 4 PERSONEN

4 Eier
150 ml Wasser
1 EL Sonnenblumenöl
200 g glutenfreies Mehl
(z.B. Schär)
50 g Maismehl
½ TL Salz
Pfeffer
Muskat

GLUTEN FREI

1. Die Eier mit der Hälfte des Wassers aufschlagen und das Öl dazugeben.
2. Das Mehl und die Gewürze mischen, mit dem Mixer langsam das Ei-Wassergemisch unterrühren. Nach und nach so viel vom restlichen Wasser dazugeben, bis ein weicher, nicht zu dünner Teig entsteht. Mindestens 20 Minuten ruhen lassen.
3. Wie links ab 4. beschrieben fortfahren.

TIPP

Varianten: Spätzli nach dem Kochen in eine Gratinform geben, mit etwas Butter/Margarine mischen, mit Folie abdecken und im Ofen warmstellen. Dazu die Lauch-Kastaniensauce von Seite 47 servieren. Oder ungebratene Spätzli mit Käse überbacken, geröstete Zwiebeln darübergeben und Apfelmus dazu servieren.

Arroz a la cubana

TOMATENSAUCE

1 Zwiebel
1–2 EL Olivenöl
1 große Dose Tomaten
2 Knoblauchzehen
1 Lorbeerblatt
Salz
Pfeffer
etwas Zucker

REIS

1 kleine Zwiebel
1 Knoblauchzehe
1 EL Olivenöl
240 g Rundkornreis
400 g Wasser

BANANEN UND EIER

40 g Mandelblättchen
10 g Butter oder Pflanzenmargarine
4 Bananen
4 Eier

1. Die Zwiebel schälen und fein schneiden. Das Olivenöl erwärmen und die Zwiebel darin andünsten. Die Tomaten dazugeben, den geschälten Knoblauch dazupressen. Das Lorbeerblatt dazugeben und die Masse mit Salz, Pfeffer und Zucker abschmecken. Einkochen, bis eine dickliche Sauce entsteht.
2. Für den Reis die Zwiebel und den Knoblauch schälen und fein schneiden. Das Olivenöl erwärmen, die Zwiebel und den Knoblauch andünsten. Den Reis dazugeben und kurz mitdünsten
3. Mit dem Wasser ablöschen, etwas Salz dazugeben und 10 Minuten zugedeckt köcheln lassen. Den Herd ausschalten und 10 Minuten ausquellen lassen.
4. Die Mandelblättchen in einer Bratpfanne anbräunen, beiseite stellen.
5. Die Butter in der Bratpfanne schmelzen. Die längs halbierten Bananen darin anbraten. Aus den Eiern Spiegeleier braten.
6. Die Tomatensauce und den Reis auf Tellern anrichten. Beispielsweise rechts und links eine Bananenhälfte legen, dazwischen ein Spiegelei. Die Bananen mit den Mandelsplittern bestreuen.

TIPP

Variante: Anstelle von Mandeln Kokosraspel verwenden.

GLUTEN FREI

LAKTOSE FREI

Auberginen mit Kokosfüllung und Rosinenreis

AUBERGINEN

100 g Kokosraspel
4 Auberginen
Salz
2 mittelgroße Zwiebeln
20 Butter oder Pflanzenmargarine
2 Knoblauchzehen
1 Bund Koriander
Pfeffer

ROSINENREIS

240 g Basmatireis
40 g Rosinen
360 ml Wasser
1 Lorbeerblatt

1. Die Kokosraspel in einer Bratpfanne goldbraun rösten und beiseite stellen.
2. Die Auberginen halbieren, aushöhlen und das Fleisch fein schneiden. Die Auberginenhälften in eine gefettete Gratinform legen, etwas salzen.
3. Die Zwiebeln schälen, fein schneiden und in der Butter andünsten, den geschälten Knoblauch dazupressen und das fein geschnittene Auberginenfleisch dazugeben. Ca. 5 Minuten dünsten, vom Herd nehmen und die gerösteten Kokosraspel untermischen.
4. Den Ofen auf 180 °C vorheizen.
5. Den Koriander fein hacken und dazugeben, mit Salz und Pfeffer abschmecken und in die Auberginen füllen. Den Boden einer Gratinform mit etwas Wasser bedecken, die Auberginen hineinlegen und die Form mit Alufolie abdecken. Die Auberginen 40 Minuten backen, evtl. nochmals etwas Wasser zugeben. Die Alufolie entfernen und die Auberginen in 20 Minuten fertiggaren.

6. Währenddessen den Reis waschen, mit Salzwasser, den Rosinen und dem Lorbeerblatt aufkochen. Zugedeckt 5 Minuten köcheln lassen, den Herd abschalten und 15–20 Minuten quellen lassen. Das Lorbeerblatt entfernen, den Reis mit einer Gabel auflockern.
7. Die Auberginen mit dem Reis auf Tellern anrichten. Mit Koriander und Kokosraspeln dekorieren.

Dazu passt: Joghurtsauce von Seite 33

VEGAN GLUTEN FREI LAKTOSE FREI

Dill-Reis mit Ofengemüse

1. Die Saubohnen 8–12 Stunden einweichen. Die Bohnen mit etwas Einweichwasser im Schnellkochtopf ca. 40 Minuten weichkochen.
2. Für das Ofengemüse die Zwiebel und den Knoblauch schälen, die Zwiebel in grobe Stücke schneiden, den Knoblauch in Scheiben.
3. Den Ofen auf 180 °C vorheizen.

OFENGEMÜSE

1 große Zwiebel
4 Knoblauchzehen
500 g Aubergine
300 g Zucchini
500 g rote und orangefarbene Paprika
2 Rosmarinzweige
3 TL Gewürzsalz
2 TL Paprika
Pfeffer
Meersalz
3–4 EL Olivenöl

DILL-REIS

140 g Saubohnen
1 kleine Zwiebel
2–3 EL Olivenöl
240 g Basmatireis
360 ml Wasser
1 Bund Dill
Saft von ½ Zitrone

4. Das Gemüse waschen, putzen und in grobe Stücke schneiden. Die Rosmarinnadeln vom Stiel zupfen und dazugeben. Die Zwiebel, den Knoblauch, den Rosmarin und die Gewürze zum Gemüse geben. Das Öl dazugeben und alles gut mischen.
5. Alles auf ein Backblech geben und auf mittlerer Schiene ca. 30–40 Minuten backen, gelegentlich wenden.
6. Die Zwiebel schälen, fein schneiden und in 1 EL Olivenöl andünsten.
7. Den Basmatireis waschen, dazugeben, mit Wasser aufkochen und salzen. Die Bohnen dazugeben und zugedeckt 5 Minuten köcheln lassen, anschließend den Herd abschalten und die Mischung 15–20 Minuten quellen lassen. Mit einer Gabel auflockern.
8. Vier schöne Dillzweige als Garnitur beiseitelegen, den restlichen Dill fein hacken. Die Zitrone auspressen. Wenn der Reis alles Wasser aufgesogen hat, mit Dill, 2 EL Zitronensaft und dem restlichen Olivenöl mischen.
9. Den Reis mit dem Ofengemüse auf Tellern anrichten und mit Dillzweigen dekorieren.

Dazu passen: Joghurtsauce von Seite 33 oder Tofu-Sesamdip von Seite 37

VEGAN GLUTEN FREI LAKTOSE FREI

Mais-plätzchen

FÜR 12 PLÄTZCHE

1 Zwiebel
1–2 EL Olivenöl
250 g feine Polenta
100 ml Weißwein
600 ml Gemüsebrühe (gluten- und laktosefrei)
Pfeffer
Muskat
Salz
2–4 rote und grüne Chilischoten
140 g Maiskörner (Dose)
20 g Bratbutter oder Erdnussöl

1. Die Zwiebel schälen und fein schneiden, das Olivenöl erwärmen und die Zwiebel darin andünsten. Die Polenta dazugeben, umrühren. Mit dem Weißwein ablöschen, die Gemüsebrühe dazugeben. Mit Pfeffer, Salz und Muskat würzen und umrühren. 2 Minuten köcheln, danach etwas auskühlen lassen.
2. Die Chilischoten halbieren, die Kerne entfernen und die Schoten waschen. Klein schneiden.
3. Die Maiskörner mit den Chilis mischen und auf einen flachen Teller geben. Aus der noch leicht warmen Polenta 12 Plätzchen formen, diese in den Maiskörnern wenden. Die Körner etwas festdrücken und die Plätzchen im Fett goldbraun braten.

Dazu passt: Cherry Tomatensauce von Seite 45

VEGAN GLUTEN FREI LAKTOSE FREI

Mohn-Auberginen auf Risotto

MOHN-AUBERGINEN

2 Knoblauchzehen
80 g Olivenöl
1 EL Salz
Pfeffer
12 Scheiben Aubergine (ca. 3 Stk.)
100 g Mohnsamen

RISOTTO MIT ZUCCHINIBLÜTEN

1 kleine Zwiebel
1–2 EL Olivenöl
240 g Risotto-Reis
100 ml Weißwein
380 ml Gemüsebrühe (gluten- und laktosefrei)
Muskat
1 Lorbeerblatt
8 Zucchiniblüten

1. Den Ofen auf 180 °C vorheizen. Den Knoblauch schälen, pressen und mit dem Olivenöl, Salz und Pfeffer mischen. Die Auberginen damit leicht bepinseln. Etwas Mohnsamen auf einen Teller streuen und die Auberginen beidseitig darin wenden. Bei Bedarf erneut Mohnsamen zugeben.
2. Die Auberginen auf ein mit Backpapier ausgelegtes Backblech legen und im Ofen ca. 25–30 Minuten backen (sie dürfen nicht knusprig werden).
3. Für das Risotto die Zwiebel fein hacken und in Olivenöl andünsten. Den Risotto-Reis dazugeben, kurz mitdünsten. Mit dem Weißwein ablöschen. Die Gemüsebrühe dazugeben, den Reis weichkochen und mit Salz, Pfeffer und Muskat abschmecken.
4. 6 der Zucchiniblüten vorsichtig unterheben und zugedeckt ca. 3 Minuten im Risotto ziehen lassen.
5. Das Risotto in der Mitte der Teller anrichten, die Auberginen einrollen und um das Risotto anrichten. Mit je einer halben Zucchiniblüte garnieren

Dazu passt: geriebener Parmesan

VEGAN GLUTEN FREI LAKTOSE FREI

Tunesisches Couscous „Royal“

1. Die Kichererbsen 8–12 Stunden einweichen und anschließend im Schnellkochtopf ca. 40 Minuten weichkochen.
2. Die Knoblauchzehen und die Zwiebeln schälen, in Streifen schneiden.
3. Die Karotten schälen, in Stifte schneiden. Die Kartoffeln waschen, längs schneiden und die Tomaten in grobe Würfel schneiden.

GEMÜSE

80 g Kichererbsen
3 Knoblauchzehen
2 Zwiebeln
400 g Karotten
300 g Kartoffeln
4 Tomaten
2 EL Olivenöl
1–2 cm Harissa
2 TL Tomatenpüree
350 ml Gemüsebrühe (laktosefrei)
1 TL Paprika, süß
1 Lorbeerblatt
Salz
Pfeffer
1 Briefchen Safran
150 g Dörrpflaumen ohne Stein
1 Bund Koriander oder glatte Petersilie

COUSCOUS

400 ml Wasser
200 g Couscous

GARNITUR

80 g ganze ungeschälte Mandeln
2 TL Honig oder Palmzucker
10 g Butter oder Margarine

4. Das Olivenöl erhitzen. Den Knoblauch und die Zwiebeln im Olivenöl anbraten, die Karotten und die Kartoffeln dazugeben und kurz mitbraten.
5. Die Harissa und das Tomatenpüree dazugeben, weiterbraten, danach die Tomatenwürfel und das Paprikapulver dazugeben. Mit der Gemüsebrühe ablöschen, das Lorbeerblatt dazugeben und mit Salz und Pfeffer abschmecken. Das Gemüse knackig kochen, danach die Kichererbsen hinzugeben.
6. Für das Couscous das Wasser aufkochen und leicht salzen. Das Couscous hinzufügen und den Topf vom Herd nehmen, 5–10 Minuten quellen lassen.
7. Den Safran zum Gemüse geben und umrühren. Die Dörrpflaumen dazugeben.
8. Den Koriander oder die Petersilie waschen, entstielen und fein hacken, beiseite stellen.
9. Die Mandeln mit dem Honig in einer Bratpfanne rösten, die Butter und 1 Prise Salz hinzufügen, beiseite stellen.
10. Das Couscous mit etwas Gemüsesud mischen, bis es gut feucht, aber immer noch kompakt ist. Im Kreis auf einer Platte anrichten, in der Mitte eine Vertiefung bilden und das Gemüse darin auftürmen. Mit den Mandeln und dem Koriander oder der Petersilie bestreuen und servieren.
11. Nach Belieben kann vom Gemüsesud etwas weggenommen werden und mit Harissa zu einer scharfen Sauce verrührt werden, welche zum Gericht gereicht werden kann.

Dazu passen: Joghurtsauce von Seite 33, Gewürzfladenbrot von Seite 23

VEGAN LAKTOSE FREI

Desserts

Erdbeer-Trifle

ZUTATEN

500 g Erdbeeren
1 unbehandelte Zitrone oder Orange
½ Vanilleschote
300 ml Weißwein
50 g Zucker
100 g Löffelbiskuits oder glutenfreie Savoiardi (Schär)
250 ml Schlagsahne oder laktosefreie Schlagsahne
½ Beutel Vanillezucker
20 g Puderzucker
etwas Pfefferminze

1. Die Erdbeeren putzen, waschen und in Scheiben schneiden. 4 schöne Scheiben für die Garnitur beiseitelegen.
2. Von der Zitrusfrucht ein kleines Stück Schale wegschneiden. Die Vanilleschote halbieren und das Mark herauskratzen. Die Erdbeeren mit der Vanille, dem Wein, der Schale der Zitrusfrucht und dem Zucker aufkochen und köcheln, bis sie weich sind. Die Vanilleschote und die Zitrusschale entfernen. Auskühlen lassen.
3. Die Löffelbiskuits abwechselnd mit den Erdbeeren gleichmäßig in 4 Gläser schichten. 1–2 Stunden kühl stellen.
4. Die Schlagsahne steif schlagen, den Vanillezucker und den Puderzucker unterheben.
5. Eine Sahnehaube auf die Gläser setzen und mit Erdbeeren, Biskuitbröseln und Pfefferminze garnieren.

TIPP

Wer will, kann auch eine Schicht Sahne zwischen den Erdbeer-Löffelbiskuitschichten einfügen.

GLUTEN FREI

LAKTOSE FREI

Ingwer-Tonka-bohnen-Parfait

ZUTATEN

15 g Ingwer
2 EL + 200 ml Sahne (35% Fett)
2 Eier
180 g Zucker
1 Tonkabohne
80 ml Wasser
10 g Butter
2 Prisen Salz
4 Ananasscheiben

1. Den Ingwer fein reiben und mit 2 EL Sahne mischen. Kurz aufkochen und etwas abkühlen lassen. Durch ein Sieb abgießen.
2. Die Eier trennen. Die Eiweiße steif schlagen, anschließend die restliche Sahne steif schlagen und kühl stellen.
3. Die Eigelbe mit 80 g Zucker im Wasserbad schaumig schlagen. Die Ingwersahne dazugeben, kalt schlagen.
4. Von der Tonkabohne etwas zur Masse reiben. Vorsicht bei der Dosierung, der Geschmack ist sehr intensiv. Erst die steif geschlagene Sahne, danach den Eischnee unterheben. In kleine Formen oder eine Kastenform abfüllen und ca. 4 Stunden gefrieren.
5. 100 g Zucker und 30 ml Wasser in einer flachen Pfanne karamellisieren. Die Butter und das Salz dazugeben. Mit dem restlichen Wasser ablöschen und kochen, bis sich der Zucker aufgelöst hat. Die Ananas im Karamellsirup weich kochen.
6. Die karamellisierte Ananas mit dem Parfait auf Tellern anrichten und mit einem Hauch Tonkabohne bestreuen.

GLUTEN FREI
LAKTOSE FREI

Karotten-Mandel-Kuchen

ZUTATEN

180 g Karotten
3 Eier
1 Prise Salz
120 g Zucker
5 g Vanillezucker
1 unbehandelte Zitrone
125 g geriebene weiße Mandeln
¼ TL Zimt
100 g Puderzucker
1½–2 EL Wasser, Zitronen- oder Kirschsaft

1. Den Ofen auf 180 °C vorheizen.
2. Die Karotten schälen und fein reiben.
3. Die Eier trennen, das Eiweiß mit dem Salz zu Schnee schlagen, beiseite stellen (Kühlschrank).
4. Das Eigelb mit dem Zucker und dem Vanillezucker schaumig rühren.
5. Die Zitrone gut waschen und von der Schale etwas zur Ei-Zuckermasse reiben. Die Zitrone auspressen, 1 EL vom Saft ebenfalls zur Masse geben.
6. Die Mandeln, den Zimt und die Karotten dazugeben und verrühren. Zum Schluss den Eischnee unterheben.
7. In die mit Backpapier ausgelegte Springform (ca. 22 cm) abfüllen und im unteren Drittel des Ofens 60 Minuten backen.
8. Den Puderzucker mit der Flüssigkeit verrühren und den noch warmen Kuchen glasieren. Wenn er erkaltet ist, in Scheiben oder in Würfel schneiden und auf Tellern anrichten.

TIPP

Anstelle des Gusses kann man auch die Würfel mit Puderzucker bestäuben.

GLUTEN FREI

LAKTOSE FREI

Kastanien-kuchen

ZUTATEN

50 g Butter oder Pflanzenmargarine + Fett für die Form
6 Eier
1 Prise Salz
200 g Zucker
7 g Vanillezucker
25 g Kirschwasser
25 g Sahne (evtl. laktosefrei)
500 g Kastanienpüree
etwas Puderzucker

1. Eine Springform (24 cm Durchmesser) mit Backpapier auslegen, den Rand einfetten. Den Backofen auf 150 °C vorheizen.
2. Die Butter/Pflanzenmargarine schmelzen und etwas abkühlen lassen.
3. Die Eier trennen. Die Eiweiße mit dem Salz zu Schnee schlagen, in den Kühlschrank stellen.
4. Die Eigelbe, den Zucker und den Vanillezucker zusammen schaumig rühren.
5. Das Kirschwasser, die Sahne und das Kastanienpüree dazugeben und gut mischen.
6. Die Butter/Pflanzenmargarine zur Masse geben, den Eischnee vorsichtig unterheben und in die Form füllen.
7. Auf der zweituntersten Schiene 10 Minuten backen. Die Temperatur auf 180 °C erhöhen und weitere 50 Minuten fertigbacken.
8. Etwas auskühlen lassen und dann aus der Form lösen. Den ausgekühlten Kuchen mit Puderzucker bestäuben.

GLUTEN FREI · LAKTOSE FREI

Kokossoufflé mit Bitterorangenschokolade

ZUTATEN FÜR 6 SOUFFLÉS

50 g dunkle Schokolade mit Bitterorangen
3 Eiweiß
1 Prise Salz
100 g Puderzucker + etwas zum Bestäuben
150 g Kokosflocken
½ TL Backpulver
etwas Orangenaroma
2 Orangen oder Blutorangen

1. 6 Muffinförmchen vorbereiten. Den Backofen auf 170 °C vorheizen.
2. Die Schokolade in 6 Stücke teilen und jeweils zerkleinern.
3. Die Eiweiße mit dem Salz zu Schnee schlagen. Den Puderzucker dazusieben und vorsichtig unterheben. 1 EL von der Masse zur Seite stellen. Die Kokosflocken mit dem Backpulver mischen und unter den Eischnee ziehen.
4. Die Formen zur Hälfte mit der Kokosmasse füllen. Die Schokolade darauf verteilen und mit der restlichen Masse überdecken. Den restlichen Eischnee mit einem Tropfen Orangenaroma mischen und je einen Klecks auf die Soufflés geben.
5. Im unteren Drittel des Ofens ca. 30 Minuten backen.
6. Die Orangen filetieren und in kleine Schälchen verteilen. Die Soufflés mit den Filets auf Tellern anrichten, mit Puderzucker bestäuben und noch warm servieren.

GLUTEN FREI

LAKTOSE FREI

Mango-Sojajoghurt-creme

ZUTATEN

400 g Sojajoghurt
100 g getrocknete Mangos
1 unbehandelte Zitrone
etwas Puderzucker
einige Pistazien

1. Ein Abtropfsieb mit einem Gazetuch oder einem papierenen Kaffeefilter auslegen und über ein Gefäß stellen, welches die Flüssigkeit auffängt. Den Sojajoghurt in das Abtropfsieb geben und 3 Stunden abtropfen lassen, danach in eine Schüssel stürzen.
2. Die Mangos mit Wasser bedecken und während dieser 3 Stunden einweichen.
3. Das Einweichwasser abgießen, 4 schöne Stücke Mango für die Garnitur beiseitelegen und die restlichen Mangos pürieren. Das Püree zum Sojajoghurt geben und verrühren.
4. Etwas Schale von der Zitrone zur Creme reiben und so viel Puderzucker dazugeben wie notwendig (Sojajoghurt und Mangos haben je nach Herkunft/Produzent eine unterschiedliche Süßkraft).
5. Die Pistazien schälen und fein hacken.
6. Die Mangocreme in Schalen abfüllen, mit den Mangos und Pistazien garnieren und servieren.

TIPP

Falls die Creme eher ins Bräunliche geht, kann etwas Gelbwurz (Kurkuma) oder Safran beigegeben werden, um die Farbe aufzufrischen.

VEGAN GLUTEN FREI LAKTOSE FREI

Kaki-Tiramisu

ZUTATEN

350 g weiche Kaki
200 g Mascarpone
20 g Puderzucker
170 ml schwacher Kaffee
2 EL Amaretto
20 g Rohzucker
ca. 140 g Löffelbiskuits oder glutenfreie Savoiardi (Schär)
etwas Mandelblättchen
frische Pfefferminze

1. Die Kakis vierteln, das Fruchtfleisch mit dem Messer von der Schale lösen. Das Fruchtfleisch mit dem Pürierstab pürieren, 2 EL davon beiseite stellen.
2. Den Mascarpone mit dem Püree mischen, den Puderzucker dazugeben. Den Kaffee, den Amaretto und den Rohzucker miteinander verrühren.
3. Eine Form (oder 4 Gläser/Schalen) mit der Hälfte der Löffelbiskuits auslegen und mit der Hälfte des Kaffeegemischs beträufeln.
4. Ebenfalls die Hälfte der Mascarpone-Kakimasse darübergeben. Mit den restlichen Löffelbiskuits bedecken und diese wiederum mit Kaffee beträufeln. Die verbleibende Masse darübergeben, mit Folie abdecken und mindestens 2 Stunden kühl stellen.
5. Die Mandelblättchen in einer Bratpfanne ohne Fettzugabe bräunen und erkalten lassen.
6. Das Tiramisu auf Tellern anrichten, einen Klecks Kakipüree darübergeben und mit Mandelblättchen bestreuen. Mit Pfefferminze dekorieren.

GLUTEN FREI

Warme Kirschen mit Mandelstreuseln

ZUTATEN

400 g Kirschen
20 g Zucker
50 g kalte Butter oder Pflanzenmargarine + etwas zum Fetten der Form
75 g gemahlene Mandeln
50 g Zucker
½ TL Zimt
50 g Mandelscheiben oder -stifte

1. Den Backofen auf 180 °C vorheizen. Die Kirschen waschen, entsteinen, mit dem Zucker mischen und in eine mit Butter/Margarine eingefettete Gratinform geben.
2. Die Butter/Margarine in Stücke schneiden, mit den restlichen Zutaten außer den Mandeln mischen und in grobe Brösel reiben. Über den Kirschen verteilen. Die Mandeln über den Streuseln verteilen.
3. Auf mittlerer Schiene ca. 20 Minuten backen. Noch warm servieren.

Dazu passen: Vanilleeis, Vanillesauce oder Schlagsahne (evtl. laktosefreie oder vegane Produkte verwenden)

VEGAN GLUTEN FREI LAKTOSE FREI

REGISTER

GLUTENFREIE/GLUTENFREI ABWANDELBARE REZEPTE

LAKTOSEFREIE/LAKTOSEFREI ABWANDELBARE REZEPTE

VEGANE/VEGAN ABWANDELBARE REZEPTE

DORIS BRUGGER

Geboren bin ich in Zofingen im Kanton Aargau. Nach der obligatorischen Schulzeit absolvierte ich zwei Sprachaufenthalte in Genf und in London sowie die Ausbildung zur Restaurationsfachfrau. Kurze Zeit später folgte die Ausbildung zur Köchin und Diätköchin. Nach zehnjähriger Tätigkeit in diesem Bereich hatte ich das Verlangen nach einer neuen beruflichen Herausforderung. Die Ausbildung zur dipl. Sozialpädagogin HF schloss ich 2006 ab. Zuletzt war ich im stationären Bereich der Jugendpsychiatrie tätig. In meiner sozialpädagogischen Tätigkeit hatte ich weiterhin einen engen Bezug zum Kochen und zum Essen. Meine Arbeit zeigte mir immer wieder von Neuem, wie zentral und wichtig das Thema Essen und Ernährung ist. Sei es beim gemeinsamen Essen in der Gruppe, beim gemeinsamen Kochen oder in der konkreten Arbeit mit Jugendlichen mit einer Essproblematik. Essen gibt immer wieder Gesprächsstoff und beweist, welchen zentralen Stellenwert die Befriedigung dieses Bedürfnisses für unsere Sinne hat, aber auch welche Konflikte dieses Thema in sich birgt. Um bezüglich Trends und Erkenntnissen rund um die Ernährung in der heutigen Gesellschaft aktuell zu sein, nehme ich an Informationsveranstaltungen teil, informiere mich über den „SGE" sowie fachspezifische Webseiten. Im März 2013 entschloss ich mich, gemeinsam mit Cristina Pedrazzini dieses Kochbuch zu erarbeiten.

CRISTINA PEDRAZZINI

Ich studierte Fotografie an der London School of Communication und arbeitete mehrere Jahre für internationale Bildagenturen wie Getty und Science Photo Library. Die Leidenschaft für Essen ist ein ständiger Begleiter in meinem Leben, deshalb widme ich mich seit einigen Jahren voll der Foodfotografie. Einige meiner Foodfotos haben Preise und Auszeichnungen gewonnen und sind auf Verpackungen und in Publikationen erschienen. Ich lebe in Barcelona und in der Schweiz.